민머리에 그린 꽃핀

민머리에 그린 꽃핀
© 박갑순 2018

| 초판 1쇄 인쇄일 | 2018년 12월 18일 |
| 초판 1쇄 발행일 | 2018년 12월 22일 |

글·사진·편집·교정　박갑순
전자우편　　　　　rongps@hanamil.net

인쇄처　　　도서출판 Book Manage

ISBN 978 89 6036 346 5 03810
정가 7,000원

―――――――――

저작권자 © 박갑순, 2018
이 책의 저작권은 저자에게 있습니다.
서면에 의한 저자의 허락없이 내용의 일부를
인용하거나 발췌하는 것을 금합니다.

이 도서의 국립중앙도서관 출판예정도서목록(CIP)은
서지정보유통지원시스템 홈페이지(http://seoji.nl.go.kr)와
국가자료공동목록시스템(http://www.nl.go.kr/kolisnet)에서
이용하실 수 있습니다.(CIP제어번호: CIP2018041193)

민머리에 그린 꽃편

글다듬이 **박 갑 순**

들어가는 말

    외출을 준비하는 시간이 다시 길어졌다. 머리카락이 꽤 많이 자란 때문이다. 거울 앞에서 헤어드라이기로 머리를 말리고, 구루프로 말고 그래도 맘에 차지 않으면 고대기로 매만지느라 분주하다. 족히 한 시간은 걸린다. 그러나 조금도 짜증스럽거나 귀찮지 않은 것은 눈물의 민머리 시간을 건너왔기 때문이다. 윤기 나는 머리를 손질하며 외출 준비를 할 수 있는 이 시간이 얼마나 감사하고 귀한가!
    1년 6개월 전으로 돌아가면 모든 것이 정지 상태였다. 내게 이런 시간이 주어지리라곤 상상도 못했다. 한 시간을 보내기는 무척 힘들었지만, 힘든 시간이 모아져서 한 달은 그런대로 흘러갔다. 차츰 시간의 개념을 잊고, 조금씩 몸 상태가 호전되는 것에 집중하니 어느새 정지된 시간이 지나갔다.
    두 번의 암을 앓았지만, 암이라는 판정을 받고 처음 든 생각은 막막함이었다. 알고 있던 상식마저도 휘발되어버려 백치가 되었다. 어떻게 받아들여야 하는지, 무엇을 어떻게 해야 하는지, 누구를 찾아야 하는지. 그저 발만 동동거렸다. 그래서 나는 나와 같은 처지를 당할 누군가에게 작은 도움이라도 주고 싶다는 야무진 꿈을 꾸었다.

암에 대한 상식과 지식은 책자나 인터넷에 넘쳐나므로 그런 의학적인 내용의 열거 말고, 내가 직접 경험한 것들을 중심으로 간단한 책을 만들기로 했다. 가공되지 않은 날것 그대로, 그러나 너무도 생생한 치료 과정의 체험들을 지나온 길목 따라 썼다.

　암 환자의 고통은 누구도 대신할 수 없다. 또한 치료에 근본적인 도움은 그 누구도 줄 수 없다. 모든 것은 자신의 몫이다. 완치할 수 있다는 확신을 가지고 치료에 적극적으로 임하고, 무엇보다 자신을 스스로 위로하고 격려하는 것이 가장 큰 힘이다. 언제 어느 순간에라도 긍정의 힘만이 나를 살릴 수 있다. 스스로 즐거움을 찾고, 스스로 행복의 비밀을 캐자. 그 모든 것은 사소한 것들에 있고, 내 마음 안에 있으므로 누구도 해줄 수 없다.

　이 작은 책이 누군가에게 희망을 주고 그래서 치료에 도움이 된다면 나는 더욱 행복할 것이다. 그래서 완치에 한 발 더 가까이 다가가게 되리라.

　지금부터 당신은 나에게, 나는 당신에게 완치에 닿을 수 있는 힘을 주며 완치를 향한 동행을 시작하자.

2018년 12월
박갑순

차례

들어가는 말
내 생의 가장 행복한 시간 · 09
희망과 절망 사이 · 12
나쁜 예감은 빗나가지 않아 · 13
하늘은 여전히 푸르고 거리는 즐거워 · 15
주변에 알리고 함께 길을 찾자 · 16
고통의 강도는 마음먹기에 따라 · 18
긴 투병을 위한 준비 · 19
이제 살 일만 남았다 · 20
공주처럼 우아하게 · 21
짝짝이 가슴 · 22
요양병원의 도움을 받는 것도 요령 · 23
항암주사 시작 · 24
항암 별거 아니야 · 26
백혈구 관리 · 28
내 머리가! · 29
내 몸은 위대해 · 31
이 또한 지나가리라 · 33
내 몸의 소리에 귀 기울이자 · 36
투병 중에도 나를 놓지 말자 · 37

좋아하는 일을 계속하자 · 40
환자 티낼 필요 없어 · 42
별이 된 환우 · 43
모든 것이 새롭고 감사해 · 46
표적치료 시작 · 47
방사선치료 시작 · 48
발병 후 첫 번째 나들이 · 49
사회활동 시작 · 52
발병 후 첫 번째 장거리 여행 · 54
이제 희망만 · 56
아직도 가슴 설렌다 · 57
새로운 만남 · 58
배움 활동 재개 · 60
표적치료 중에도 활발한 일상생활 · 62
치료 중에도 맘껏 즐기자 · 63
첫 시집 발간 · 64
하고 싶은 일 완치 후로 미루지 말자 · 65
암 환자임을 오픈하자 · 66
표적치료 끝 · 68
기타 도움말 · 70

재혼 웨딩 사진

내 생의 가장 행복한 시간

아침에 잠자리에서 일어나기 전부터 오늘이라는 시간은 이미 침실 앞에서 아니 내 이부자리 앞에서 나를 기다리며 앉아 있다.

밤새 가장 건강했던 어느 하루를 떠돌다가 아무 일 없었던 듯 눈을 뜰 수 있는 이 아침! 마중 나온 햇살과 눈을 맞추면서 나의 하루는 시작된다.

나는 또 이렇게 감사하게도 하루라는 시간을 선물 받았구나.

감사의 약효는 참으로 대단하다. 누구도 줄 수 없는 마음의 평안을 주고, 죽음에 대한 두려움도 일순 사라지게 한다. 절망의 나락으로 한없이 추락하는 찰나에도 감사는 119 구급대 역할을 한다. 암 환자로 분류된 뒤 나는 때때로 순간적으로 우울하고, 한없이 슬퍼진다. 그러나 다시 잘못 쓴 글자를 지우개로 깨끗이 지워버리듯 머리를 내젓고 감사의 주문을 외운다. 그러면 몸은 금세 가벼워지고 다시 행복감으로 가슴은 충만해진다.

'오늘, 지금, 하고 싶은 일들을, 할 수 있는 만큼 하며 살기'

이것이 두 번의 암을 만나 투병하는 과정에서 얻은 나의 다짐이다. 흔히 '시간은 금이다.'라는 말로 시간의 귀함을 말하지만, 내게 주어진 시간의 유한성과 진정한 고마움을 독한 병마에 휘둘려 보았기에 확실히 안다.

● 날아서 하늘까지
●● 곧 유방암 환자가 될 줄을 모르고

- 암 검진을 늦춘 덕분에 만든 추억
- 이 시간에도
  몸안에는 암세포가 있었다니

희망과 절망 사이

내게 2017년 2월은 희망과 절망을 동시에 체험한 복잡한 달이다.

2월 시작하자마자 고딩 친구들과 말레이시아 여행을 했고, 바로 이어서 남편 친구 부부들과 일본 여행을 하였다.

2016년 가을 끝 무렵부터 오른쪽 가슴에서 이상한 멍울이 잡히는 것을 알았지만, 별거 아니겠지 하는 마음이 병원 방문을 미루게 하였다.

일본 여행을 다녀온 다음 날 밀린 숙제하듯 병원을 찾았다.

나쁜 예감은 빗나가지 않아

2017년 2월 13일 아침 일찍 산부인과에 갔다. 간단한 검진을 한 후, 그늘이 드리워진 표정으로 의사가 큰 병원에 갈 것을 권유했다.

병원 문을 열고 나와 하늘을 보았다. 멀쩡하다. 주변을 살피니 유방갑상선외과가 눈에 띄었다. 의사는 유방초음파를 하면서 조직을 떼어 검사를 하잔다. 멍울이 움직이는 것으로 봐서 어쩌면 크게 염려하지 않아도 될 것이라는 위로를 곁들였으나 불안은 사그라들지 않았다.

검사 결과가 나오는 날까지 기다리는 시간은 무척 길었다. 내가 생물인지 무생물인지, 호흡을 하는 건지, 먹는 건지, 자는 건지, 생각을 하는 건지. 지금 생각해보면 그때의 내 상태는 '바보상자'였다고밖에 표현할 말이 없다.

2월 16일 만난 의사는 냉정했다. '유방암입니다.' 많고 많은 말 중 그 말밖에 할 줄 모른다는 말인가. 왜 하필 그 말인가. 그는 조심스럽게 말했지만, 대통령 탄핵을 언도한 이정미 판사의 말보다 더 무겁고 단호했다.

"저는 2014년 12월에 위암 수술을 했습니다. 전이입니까?"

흐르는 눈물을 닦을 생각도 못하고 그 말을 먼저 했던 것도 같다.

"전이는 아닙니다."

가고 싶은 병원이 없으면 소개를 해주겠다는 의사의 친절도 귀에 들리지 않았다. 떨리는 손으로 소견서를 받아들고 독한 말을 하는 그 의사는 다시 찾지 않겠다는 각오로 뛰쳐나왔다.

또 암이라니?

엊그제 건강하게 해외여행도 했는데….

검사하기 전과 후 그 알 수 없는 시간 사이에 놓인 나는 또다시 암에게 발목을 잡혔다.

하늘은 여전히 푸르고 거리는 즐거워

　버스를 기다리는데 끊임없이 흐르는 눈물을 주체할 수 없다. 일단 집으로 가자는 생각 외엔 아무것도 모르겠다. 전화벨이 울린다. 건강하게 잘 사느냐는 지인(영임 언니)의 목소리가 눈물샘을 자극한다. 세상에 혼자인 듯한 절망감이 엄습한 시점에 따뜻한 목소리가 어찌나 감사한지 펑펑 울면서 유방암 이야기를 꺼냈다.

　친척도 아닌 타인에게 맨 먼저 나의 심각한 병을 털어놓은 격이다. 그렇게 울며 입 밖으로 뱉고 나니 마음이 한결 정리가 되는 듯했다. 아무도 없는 집에 와서도 저녁이 될 때까지 실컷 울었다. 두통이 심했다. 입맛도 싹 떨어졌다. 그러나 그렇게 울고 나니까 무언가 정리가 되고 앞으로 어떻게 해야겠다는 막연하지만 어떤 각오와 다짐이 들어왔다.

　그러니까 실컷 울자. 그러나 그때만 울고 울음은 잠시 접어두자. 울 수 있는 날은 얼마든지 있다. 지금은 현실을 직시하고 대책을 세우는 것이 우선이다.

주변에 알리고 함께 길을 찾자

내가 유방암 검사한 날이 남편의 10개월 장기 연수 시작 날이었다. 전북 완주 행정연수원에 있는 남편에게 어찌 말을 해야 하나?

걱정할 줄 뻔히 알면서도 어떻게 말을 꺼내야 할지 묘안이 떠오르지 않아 오후 내내 방바닥에 주저앉아 천장만 바라보았다.

기다리다 지친 남편의 전화를 받고서야 사실을 말했다. 서러움이 복받쳤다.

한 번도 아니고 왜 두 번씩이나 내게 이런 일이 생긴다는 말인가?

남편 또한 죽을 만큼 큰 절망이었겠지만 담담히 나를 위로했다. 어차피 벌어진 일 빨리 방도를 찾아 치료에 임하자고.

몇 년 전 고2 때 같은 반이었던 친구가 암으로 세상을 떠났다. 친구는 암 판정을 받고 몇 년 동안 주위 사람들과 인연을 끊고 지냈다. 남편의 입까지 단속하여 가까운 친구들에게마저 병을 비밀에 부쳤다. 생의 끝 지점에서야 남편의 판단으로 몇몇 지인들에게 연락이 되었다. 그때 나도 이미 위암을 앓았던 터라 그 마음이 이해가 되기도 했지만 무척 안타까웠다. 절망 속에서도 한 올의 희망을 찾고, 그 가운데서도 지금 내가 누릴 수 있는 행복을 누리는 것이 현명하지 않을까.

내 몸에 병이 찾아온 것은 죄가 아니다. 스스로 외로움의 감옥에 갇히지 말자.

차 한잔 마시는 일도 단순한 일이 아님을 투병을 하면서 뼈저리게 터득했다.

고통의 강도는 마음먹기에 따라

　수소문하여 남편의 지인과 잘 알고, 우리나라 유방암의 권위자인 백남선 박사님이 계신 이대목동 병원에 예약했다. 2월 20일 소견서를 들고 병원을 찾았다. 유방초음파를 하더니 유방암이 확실하다며 그다음 치료 일정에 돌입했다. 23일, 24일 이틀 동안 수술을 위한 각종 검사를 하고 28일 수술하기로 했다.
　이틀 동안의 검사는 만만치 않았다. 구토를 유발하는 약물을 마시고 하는 검사, 주사약을 투입하고 하는 검사, 유두에 주사기로 약을 투입할 때의 고통. 지금 생각해도 다시 하라면 못할 것 같은 고통이었다. 그래도 암 덩어리를 제거해야만 살 수 있다니 이를 물고 견뎠다.
　고통은 순간이다. 마음먹기에 따라 그 강도는 다르다.

긴 투병을 위한 준비

수술까지는 며칠의 시간이 남았다. 수술을 하고 나면 한동안 찾아뵙지 못할 친정 엄마가 걱정됐다.

전북 부안군 노인요양병원으로 찾아갔다. 큰일을 앞두고 마지막처럼 찾아온 딸의 마음을 알 리 없는 엄마는 나의 손을 잡고 그저 좋아하신다. 바쁜 일이 있어서 한동안 오지 못할 거라고 둘러부쳤다.

수술을 하면 왠만큼 회복될 때까지는 자질구레한 일들을 할 수 없다. 치료에만 전념해야 할뿐더러 또 그럴 시간도 힘도 없다. 그러니 수술하기 전 주변의 잡다한 일들을 정리하자.

엄마 문병 후
요양병원
마당에서
아들이 찍어줌

이제 살 일만 남았다

드디어 수술 날이다.

2017년 2월 28일. 연수원에 며칠 휴가를 내고 온 남편이 애써 환하게 웃는다. 맞잡은 손은 이미 떨고 있다. 그러나 나는 수술실에 들어가면서도 크게 두렵지 않았다. 이미 3년 전 위암 수술을 해본 터라 담담했다. 편안하게 기도만 했다.

공주처럼 우아하게

　수술 후 이튿날 병원에서 유방암 환자가 주의할 사항을 별도 공간에 모아 놓고 특강을 해주었다. 많은 도움이 되었다.
　안 되는 게 너무 많다. 오른쪽 가슴 수술과 임파선 절개로 오른팔은 '안돼쟁이'가 되었다. 혈압을 재도 안 되고, 혈관주사를 맞아도 안 되고, 무거운 것을 들어도 안 되고, 핸드백을 매도 안 되고, 많이 사용해도 안 된다. 오른팔의 파업이다. 이 모든 '안 돼'를 '돼'로 하였다간 코끼리 팔로 평생 살아야 한단다. 한번 부종이 오면 고치기 힘들다니…. 고집쟁이 팔, 그대로 인정.
　그래서 유방암은 공주병이라고 하나 보다. 무거운 짐 든 남편 옆에서 우아하게 걷기만 하면 되니까.

짝짝이 가슴

 에이컵 가슴이 마이너스 에이컵이 되었다. 왼쪽 에이컵, 오른쪽 마이너스 에이컵.
 완전 절제한 환우는 자가조직을 이용한 유방보존술로 기존 가슴보다 더 봉긋하게 만들었지만 그것도 어차피 짝짝이. 그러나 기능성 브라가 있으니 걱정하지 말자. 가슴 하나 없고 짝짝이가 대수랴.
 우리는 이렇게 살아 있지 않은가.

요양병원의 도움을 받는 것도 요령

　수술은 잘되었고, 일주일 후 퇴원이었다. 병간호해 줄 사람이 없어 입원 중에 알아본 부천에 있는 요양병원으로 갔다. 위암 수술 후 3개월가량 있었던 요양병원을 상상하고 간 내게 그 병원은 큰 실망을 주었다. 홈페이지에서 취한 정보와는 딴판이었다. 싸간 짐을 가지고 다시 집으로 왔다.

　3월 15일 첫 번째 항암까지는 집에서 어찌 지내보기로 했다. 주변에서 친척들도 친구들도 먹을거리를 만들어 와서 도움을 주었다. 친구 순영이와 사촌 판순 언니와 판님이가 냉장고를 가득 채워주었다.

　간간이 운동을 하며 항암 맞을 체력을 만들었다. 그런 중에 병원과 가까운 요양병원을 찾아보았다. 지인들의 도움이 컸다. 요양병원도 알아봐주고 당신 아들 차로 함께 사전답사까지 해준 순옥 언니의 도움을 잊을 수 없다.

　아플 때마다 세상은 나 혼자 살 수 없고, 나 혼자 힘으로 살아온 것도 아니라는 것을 깨닫곤 한다. 나를 위로해주고, 찾아와 주고, 전화해준 고마운 사람들이 너무도 많다. 그 고마움을 잊지 않기 위해 꼼꼼하게 기록해두는 것도 좋다. 그 마음들 때문에 용기가 나고, 잘 치료 받아야겠다는 의지가 다져진다.

항암주사 시작

첫 번째 항암 주사를 맞기 위해 입원했다. 튜브에 담긴 빨간 약이 나를 살리는 약이란다. 혈관에 단단히 바늘을 꼽고 병아리 눈물만큼씩 아주 천천히 약물을 투여했다. 2박 3일 입원하여 항암약과 심장보호제를 투여받고 구로구 독산동에 있는 수요양병원으로 퇴원했다.

그곳에서 4인실에 배정되었다. 세 명은 유방암, 한 명은 난소암 환자였다. 민머리인 사람, 중학생처럼 머리카락이 보송보송 올라오는 사람 등. 모두들 머리는 또 나면 되는 것이라며 호탕하게 웃었다. 이제 이 주일 후면 나도 비구니가 될 거란다. 내가 생각하는 환자들이 아니었다. 세상을 달통한 사람들처럼 만면에 웃음이 그치질 않고 마음은 또 얼마나 따스한지. 거뜬히 잘 감당할 거라는 자신감이 생겼다.

그들은 의사들도 알지 못하는 세세한 것들을 체험으로 알고 있다. 그래서 고통을 견디는 요령이라든지 항암으로 밥을 먹지 못할 때 많은 정보를 준다.

그러나 귀를 무방비 상태로 열어 놓아서는 안 된다.

마구잡이로 들려오는 몸에 좋다는 식품들에 노출되기 쉽기 때문이다. 투병에 관한 모든 정보는 자신의 신념에 의해 정확한 판단을 하여 선별적으로 받아들이자.

● 1차 항암주사를 맞고 머리 빠지기 전
●● 요양병원 룸메이트들, 지금도 만남이 이어지고 있다

항암 별거 아니야

그날 저녁부터 몸에 이상 징후가 나타나기 시작했다. 뒤통수를 베개에 대기만 해도 잠에 빠져드는 내가 도저히 잠을 이룰 수 없을 뿐더러 무어라 표현할 수 없는 무엇이 몸을 자꾸 비틀리게 했다.

다음 날 아침부터는 심하게 입덧하는 사람처럼 아무것도 먹을 수가 없다. 억지로 음식물을 입에 넣으니 오바이트가 나온다. 변비와 설사가 반복되었다.

이것이 항암 맞는 고통이구나. 며칠째 먹지를 못하니 병원에서 수액을 주사했다.

이런 고통의 시간을 견딘 환우들이 입에 맞을 만한 것들을 챙겨주고, 잘 견디는 요령을 가르쳐 주었다. 죽을 것 같은 일주일을 견디니 좀 살 것 같다.

항문의 능력

하루 스무 번 배설하는 항문이 있다
그만큼 입의 할 일도 많다

몸에 해롭지만
혀가 좋아하는 음식을 먹던 사람들
힘을 내어 먹어도 입맛이 변해
음식을 앞에 놓고 눈물 흘리거나
보기도 괴롭다고
냄새도 싫다고 아우성친다
그들 사이에서
직장을 잘라낸 그녀의 항문은 수시로 문을 여닫는다
우리 대신 먹어줘요
대리만족이라도 합시다
빈 그릇을 보고 웃픈 여인들

어느 날
헐거워진 그녀의 항문이 반항을 시작했다
이제 사라진 입맛보다
감기던 혀의 촉수보다
배설하지 못하는 고통이 입을 봉하고
더 이상 혼자라도 살아남던 입맛이 아니었다

그녀의 식성은 항문의 능력이었다

백혈구 관리

항암주사 맞은 열흘 후 백혈구 검사차 병원에 갔다. 한 번의 항암에 백혈구 수치가 현격히 떨어져 이대로는 2차 항암을 할 수 없단다. 다음 날 병원에 가서 백혈구 주사를 맞았다.

백혈구 관리가 얼마나 중요한가를 절감하고 경험자들의 이야기에 귀를 기울였다.

소고기 살코기와 닭발 곤 물을 열심히 먹었다. 시골에서 사촌 올케언니가 닭발을 고아 한 끼 한 끼 먹을 분량을 얼려 택배로 보내주었다.

덕분에 백혈구 주사는 항암 1차 맞은 후 한 번 맞는 것으로 지나갔다.

내 머리가!

항암 1차 맞은 후 2주일 만에 머리카락이 빠지기 시작했다. 요양병원 옆 미용실에서 머리를 빡빡 밀었다. 긴 머리가 뭉텅뭉텅 빠질 때 더 마음이 아프다는 경험자들의 이야기가 실감이 났다.

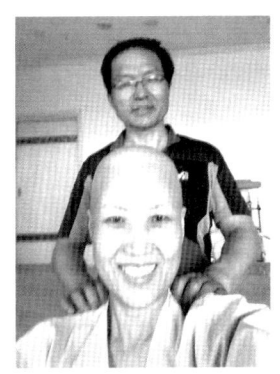

어떤 이들은 머리를 자를 때 또 한 번 크게 울었다는데 나는 눈물이 나지 않았다.

하루아침에 사내가 된 내 민머리를 자꾸 쓰다듬었다. 항암 후 일주일 동안 먹지도 못하고 기진맥진해 있을 때 민머리가 차라리 고마웠다. 치렁거리는 머리가 그대로 있다면 얼마나 추하고 지저분하겠는가. 하나님은 벌써 그것까지 아시고 저절로 머리가 빠지게 하신 것이다. 그러니 민머리인 내 모습은 슬픈 게 아니다. 치료에 도움이 되는 치료의 과정이라 생각했다.

머리는 항암이 끝나면 나기 시작한다. 6개월 정도면 아쉬운 대로 모자를 쓰지 않아도 되고 1년이면 머리가 몽실몽실 예쁘게 잘 자란다.

불면의 밤

양 한 마리 양 두 마리 양 세 마리…
세어도 세어도 오지 않는 잠

숙면을 몰고 오던 양들은
어느 초원을 배회하는지

잠은 양의 털 깊숙이 들어 있다
침대 머리맡에 풀을 길러
잠자는 양 떼를 부르면
나의 잠을 찾을 수 있을까

새우 하나 새우 둘…
새우는 나의 잠을 데리고 바다 물살을 가른다

파도를 타는 불면이
숙면에 닿을 수 있는 은총을 베푸소서

기도가 잠을 끌고 온다

이 또한 지나가리라

여러 차례의 항암주사를 맞기 위해 가슴 위쪽에 포트를 심었다. 몸안에 이물질이 있으니 불편하고, 부작용이 생길까 염려되어 맘대로 씻을 수도 없다. 그러나 내 몸의 암세포를 퇴치하기 위한 장치라니 소중하게 간직해야지.

그러나 표적치료 받을 때까지 유지가 되지 않아서 중간에 제거하는 시술을 받았다. 그것 때문에 왼팔을 마음대로 움직이지 못한 이유로 오십견까지 와서 고생을 하였다. 포트가 몸안에 있다는 것을 너무 의식하고 생활한 잘못된 습관 탓이었지 싶다. 경직되면 나쁘다는 것을 알았다. 조심하지 않는 것도 문제지만 너무 조심하는 것도 문제가 된다.

AD마이신(빨간약)을 3주 간격으로 세 번을 더 맞았다. 총 4회였다. 6월 6일 다시 항암약을 파클리탁셀(제넥솔)로 바꾸어 1회를 시작했다. 일주일 간격으로 총 12회 맞아야 한다. 이 항암약은 좀 수월하다더니 밥은 먹을 수 있었다. 대체로 신 파김치와 잘 익은 갓김치 물김치가 당겼다.

친척들과 지인들의 냉장고에서 신김치들이 줄지어 내게로 왔다. 나를 살린 힘들이다.

꽃이 피고 나무가 붉은 옷으로 갈아입고
곧 흰눈이 내려 온 세상을 하얗게 덮을 것처럼
우리는 곧 건강하던 시절의 나로 돌아갈 것이다.

제넥솔

한 컵도 안 되는 투명한 액체

태양을 온몸으로 받은 꽃의 목숨
지하갱도에 갇힌 광부의 생명
여물다 비틀린 과실의 싱그러운 맛이 되는 물

내 삶에 다가오는 검은 그림자를 쫓아줄
몸속 어디에서 말썽을 부릴지 모르는
암과 싸워 줄 그

시든 꽃잎만 적시다 말
갈증해소도 안 될 양을
한 시간 동안 느리게 정맥주사한다

까만 안대를 하고
두려운 시간을 뒤집어쓴 가여운
몸뚱이에 서서히 투입된다

잠을 이룰 수 없고
세포는 팽창되어 눈두덩이 내려앉고
손끝 발끝 감각이 둔하고 뼈까지 저린다

더 많은 알 수 없는 부작용을 수반하지만
그 끝은 알 수 없는
나를 살릴 은혜로운 생명수다

내 몸의 소리에 귀 기울이자

항암 시작하면서부터 손의 피부색이 까맣게 변하면서 손톱은 물결처럼 흔적이 생기고 발톱은 오른쪽 엄지가 내성발톱이 되었다. 엄지발가락 하나가 나의 전신을 떠받치고 있다는 사실을 그때 알았다. 걷는 것은 물론 서 있기도 불편하고 양말을 신는 것도 통증을 수반했다. 환자 같지 않게 얼굴이 밝다는 소리를 많이 들었는데 내성발톱으로 인해 미간에 세로 주름이 깊게 패였다. 내 수술을 집도한 선생님에게는 내성발톱쯤은 웃어버릴 수 있는 고통이었지만, 내겐 절박한 통증이었다.

인터넷을 뒤적여 내성발톱에 대한 상식을 최대한 입수하여 시행했으나 근본적인 치료가 불가능해 피부과를 찾았다. 능숙한 의사 선생님의 처치와 수시로 소독하고 연고를 바르라는 처방으로 급한 불은 껐다. 한동안 내성발톱으로 인해 신발도 한 치수 크게 신게 되었고 아직도 넉넉한 신발을 애용한다.

이제 우리는 멋보다는 내 몸의 소리에 적극 귀를 기울여야 한다. 타이트한 옷, 딱 맞는 신발은 버리자.

투병 중에도 나를 놓지 말자

항암약을 바꾸어 투여받을 때부터 다시 나를 찾기 시작했다. 프리랜서를 선언하고 '글다듬이집'이라는 이름으로 시작했던 교정 일도 했다. 유방암 발병 전에 1차, 2차 교정을 보았던 시집과 영화 에세이집 교정을 마무리했다. 병상에 있는 내게 말을 꺼내지 못하는 작가님들을 안심시키고 책임교정을 완료했다. 흐뭇했다. 시는 일주일에 한 편씩 계속 썼다. 요양병원에서 하는 상담프로그램에도 참여하고 환우들과 맛있는 음식을 먹으러 잠깐의 외출도 하면서 즐겁게 보냈다.

음식을 가려 먹고, 관리를 해야 하는 측면에서는 환자임을 잊어서는 안 되겠지만, 자신을 즐겁게 하고, 만족스럽게 할 수 있는 면에서는 환자임을 잊자.

마음이 즐거우면 몸이 가볍다. 나는 많은 책에서 읽은 것들을 체험을 통해서 확인했다.

다섯 시가 나를 일으키다

오후 다섯 시면 설레는 여자가 있다

마을버스에서 내려 지하철을 타고
밤새워 끙끙거리던 활자들을 앞세워
강남역 독서실에 간다

곳곳에서 끌려온 고집 센 낱말들
퍼즐 맞추듯 제자리에 정리하고
행간에 숨을 불어넣는다

1년여 수요일 그 시간
군살을 떼어내고
기울어지고 무릎 꺾인 문장에 철심을 박았다

그렇게 완치된 싱싱한 시 한 편
가슴에 품었다

이제는
문장 대신 소독약 묻은 거즈가 눈을 가리고
손에 든 사전은 약봉지에게 밀려났다

그래도 다섯 시면
꺼낼 수 없는 생각들이 병상을 일으키고
환의를 벗고 부리나케
지하철 2호선을 호출한다

좋아하는 일을 계속하자

수술 부위 상처가 점차 아물어가고 항암주사 맞는 요령도 터득하면서 내가 일상으로 돌아갈 수 있는 가능성을 스스로 타진하게 되었다. 오른팔을 무리하게 사용하지 말라는 경고가 귓가에 강하게 남아 있어서 어쩌면 내가 유일하게 잘하는 교정교열 보는 일을 못할지도 모르겠다는 생각이 들었다.

남편에게 노트 한 권과 연필을 가져다 달라고 했다. 매일 성경과 시구들을 왼손으로 쓰는 연습을 했다. 그러나 일정 시간이 지나니 글씨뿐만 아니라 가정 살림도 할 수 있게 되었다.

왼손으로도 제법 글씨를 잘 쓴다는 칭찬을 많이 받았다.

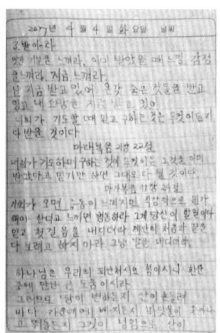 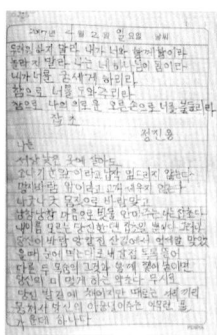 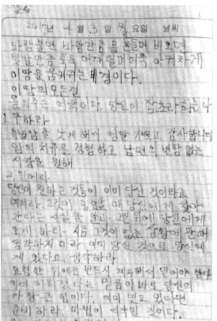

내 인생에 처음으로 쓴 왼손 글씨

● 한 끼의 식사를 할 수 있는 것도 나의 힘이 아니다.
●● 환우들과 미술치료를 하고 있다. 암은 육신의 병만이 아니기에
마음을 어루만져야 낫는다.
●●● 요양병원 환우들과 즐거운 시간

환자 티낼 필요 없어

첫 번째 항암주사를 맞기 시작한 후 5개월여 만에 요양병원에서 퇴원할 계획을 세우니 민머리가 마음에 걸렸다. 아들딸이 생일선물로 가발을 사주었다.

매장 주인은 가장 최근까지 하고 다녔던 헤어스타일의 사진을 요구했다. 비슷한 가발을 찾아 쓰는 것이 가장 자연스럽다고. 긴 머리보다는 짧은 머리가, 완전 자연머리보다 인조머리가 조금 섞인 것이 관리하기 편하다는 권고를 받아들여 안성맞춤의 가발을 골랐다.

말하지 않으면 가발이라는 것을 누구도 눈치채지 못하게 감쪽같았다. 거울 앞에서 세상에 나갈 연습을 수도 없이 했다. 병실에서 가발 쓰는 연습을 하고, 헤벌쭉 웃어보기도 하고, 예쁜 외출복으로 갈아입기도 하고. 마음은 유방암 앓기 전으로 돌아왔다.

별이 된 환우

　날짜를 기억하고 싶지 않은 어느 날, 요양병원에서 함께 항암의 고통을 감당하던 젊은 아저씨가 하늘나라로 갔다.

　특실에서 출입문만 빼긋이 열어놓고 종일 누웠다 앉았다 혼자서 온전히 버티던 그. 가끔은 환우들 왁자한 밖으로 나와 덩달아 살아나는 입맛을 보려는지 신 파김치를 달달 볶았다.

　자기의 입으로는 한입도 들어갈 수 없으면서도 남들에게 맛보라며 선뜻 자신의 몫을 나누던 그를 이제 볼 수 없다.

　밤하늘에 새로 돋은 별을 보면 그 아저씨가 생각날 것 같다.

감쪽같은 시

항암치료 5개월
5년보다 길었다
이제 세상으로 나가고 싶다
바닥난 체력보다 두려운 건 민머리
도리 없이 가발을 샀다
거울에 비친 모습이 감쪽같다

밤에 쓰고 낮에 고치기를 수십 번
그래도 여전히 민머리인 내 시에
씌울 감쪽같은 가발은
아직 찾지 못했다

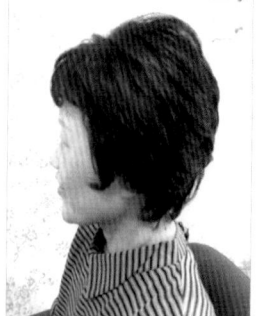

이브케어에서 가발을 사서 처음으로 착용한 모습
세상을 다 얻은 기분

특409호실

퀭한 눈
훤칠한 키
흔들리는 전봇대처럼 아슬했던

위암 말기

살아보려고
한 끼 시어빠진 파김치를 끓이던 남자
숟가락에 담긴 삶의 열망이 뜨거웠다

어둔 침상
밖으로 귀를 열어놓고
시체처럼 굳어가던 남자의 방문이 닫혔다

모든 것이 새롭고 감사해

8월 말쯤 요양병원에서 퇴원했다. 병원에서 6대 영양소 골고루 갖춘 음식으로 정성껏 차려준 밥을 먹다가 아직 온전하지 않은 몸으로 집안 살림을 하기는 많이 버거웠다.

그러나 남편과 나란히 마트 가는 일도, 식탁에서 대화하며 밥을 먹는 일도, 하루 30분씩 산책하는 일도 어쩌면 내겐 두 번 다시 할 수 없는 일이었기에 절로 감사하고 힘이 났다.

9월 12일 위 대장 내시경 검사를 했다. 8월 30일 시행해야 했던 위 내시경을 항암 끝나고 하기 위해 미루었다. 하루 전날 약을 타다가 대장을 비우기 위한 작업을 철저히 했다. 그러나 대장이 깨끗이 비워지지 않아 위 내시경만 시행했다. 위는 수술 부위도 좋고 전체적으로 이상소견이 없다 했다. "하나님, 감사합니다."

표적치료 시작

대장 내시경 검사까지 마친 후 표적치료를 시작했으면 하는 바람과는 달리 항암의 후유증인지 지침대로 따랐으나 장이 깨끗이 비워지지 않아 차후로 미루고 9월 18일 표적치료를 시작했다. 총 18회를 3주 간격으로 해야 하니 1년여의 시간이 소요된다. 다행인 것은 주사를 맞은 후 증상이 앞서 맞았던 항암들에 비해 크게 힘들지 않다는 것이다. 밥도 잘 먹고 일상생활도 할 수 있으니 얼마나 감사한가?

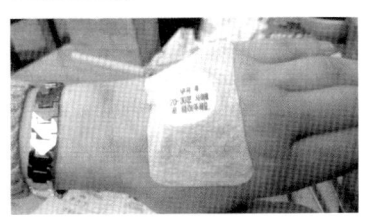

● 나를 살린 병원 밥
●● 손등에 남은 링거 자국

방사선치료 시작

　두 번째 대장 내시경 검사도 실패하고 이제 장을 비우는 일도 체력적으로 꽤 큰 부담이 될 것 같아 아예 방사선 치료를 마친 후 하기로 느긋하게 마음먹었다.
　시원한 바람이 부는 10월 17일 방사선 치료를 시작했다. 병원 근무일에 매일 가서 33회를 맞아야 한다. 가슴 부위에 바둑판처럼 선을 그어 놓고 지워지지 않게 조심하란다. 선선한 계절이어서 다행이지 한여름에 방사선 치료를 한 환자들은 얼마나 조심스럽고 불편했을까? 그러나 방사선 치료마저 할 수 없는 환자들을 생각하면 이 또한 감사한 일 아닌가.

바람이 어찌 알고 가발을 벗기려 세차게 불어댔지만 꿋꿋하게 내 머리를 지켜준 고마운 가발.

발병 후 첫 번째 나들이

 가을이 익어가는 날, 남편과 시흥 관곡지에 갔다. 짓궂은 바람이 어찌 알고 자꾸 가발을 들추었다. 내 이럴 줄 알고 단단히 여몄는데 바람은 괜한 짓을 해댔다. 여름내 무성했을 연지가 휑했다. 이 계절을 지나 겨울을 잘 견디고 나면 다시 청청한 연잎을 피워내고 꽃대를 올리겠지. 나의 건강이 그러할 것처럼.

독사와 땅꾼

방사선 치료 이틀째
완치의 확신을 안고 달리는 자동차에
김광석이 동승했다

연일 그의 죽음이 살아나 혀를 날름거리고
자살과 타살 공방이 치열하다

이승 밥 뗀 지 이십 년 후
내 죽음이 회자된다면
나는 어떤 노래를 부를 수 있을까

내 몸에게 붙들린 암
방사선을 피해 달아나기 위해 몸부림치지만
출구는 좁다

먼 길 돌고 돌아 내 몸에 똬리를 튼 병마
그의 고단함을 읽는다

오늘 문득
주어와 술어가 바뀐 엉뚱한 생각

곧
떨켜가 될 암이 새삼 가엾다

가을 연지

병을 달래며 시흥 관곡지에 갔다

태양의 손을 놓아 버린 푸석한 연잎
정맥이 차단된 줄기 끝
파리한 생명이 떨고 있다

세상의 물가로 밀려난
가여운 기억들 몇이
시들어가는 연지 둘레를 서성인다

추수를 기다리는 가을이 일손을 놓고
논가를 배회하는 마른 바람이
이고 간 가발을 뒤적거린다

햇살과 구름을 유인했던 기억이
가는 혈관에 생기를 수혈하고
밭은기침 소리를 내고 있다

바지게 터지게 지게를 지고
한달음에 고개를 넘던
아버지의 청춘도 저리 말라갔다

피가 마른 것들은 쓸쓸하다

손바닥 같던 넓은 연잎은
허공 한줌 돌돌 말아
아름다운 낙하를 구상 중이다

사회활동 시작

 광명 생활을 시작으로 시집을 내야겠다는 각오를 다졌는데 병마에 휘둘리는 바람에 발간이 늦어졌다. 마침 '광명시 문예발전진흥기금' 신청 기간이어서 신청서를 제출했더니 심사위원들 앞에서 지원 경위를 설명하라는 통지가 왔다. 가발을 쓰고 멋진 옷을 입고 당당하게 나가서 차분히 설명했다. 결과는 좋지 않았지만, 나는 최선을 다했다.
 11월에는 광명문인협회 행사와 지인의 아들 결혼식에도 참여했다. 얼굴이 좀 수척해보이지만 환자 같지 않다는 말을 들으며 뿌듯했다. 아직 치료가 모두 끝난 것은 아니지만 지금의 내 몸 상태에서 할 수 있는 일들은 하며 지내자는 내 소신이었다. 여행을 다니는 것도, 좋은 사람을 만나는 것도 몸이 더 완쾌된 후로 미루면 안 된다는 생각이다.
 오늘, 지금 할 수 있는 만큼 하자.

● 광명문인협회 2017년 시화전에 참가하여
●● 가발에 모자를 쓰고 전주에 내려가 지인들을 만나서
●●● 토끼모임 언니 딸 결혼식장에서

● 이유회 송년회 참가 후
●● 웃자회 맛난 음식을 먹고
●●● 살아 있어 좋은 사람들과 만날 수 있다. 감사할 일 아닌가.
●●●● 좋은 사람들과 함께하니 행복하다.

발병 후 첫 번째 장거리 여행

11월 말로 방사선 치료를 마치고 12월 초 전주에 내려갔다. 정확히 10개월 만의 외출이다. 요양병원에 계신 엄마는 가발을 쓴 내 모습에 조금도 이상함을 느끼지 않으셨다. 무슨 일이 그리도 바빠서 이렇게 오랜만에 왔느냐고만 했다. 그간에 전화를 자주 드려서인지 안심하면서 얼굴을 자꾸 만지셨다.

동시집을 낼 계획이 있는 후배와 함께 출판사에 찾아갔다. 건강한 모습을 보고 모두들 자신의 일처럼 기뻐해주었다. 이런 마음들이 모아져서 지금의 내가 있는 것이 아닌가 하는 생각을 했다. 내가 살아 있음이 어찌 나 혼자만의 노력이겠는가.

이대목동병원에서 치료하고 있는 유방암 환자들의 모임 이유회가 있다. 그 모임 송년회에도 참가해서 즐거운 시간을 보냈다.

이제 희망만

길고 긴 2017년이 저물었다. 남편과 재혼한 지 10개월 만인 2월 중순에 유방암 판정을 받아 방사선 치료까지 마쳤고, 남편은 장기 연수 10개월을 마치고 돌아왔다. 이제야 집 안의 검은 그림자가 걷히고 더욱 크고 밝은 새해가 밝았다.

'아무 욕심 없습니다. 아무것도 바라지 않습니다. 건강만 허락해주십시오.'

2018년 2월 8일과 9일 양일간에 걸쳐 유방암 수술 후 1년 검사를 했다. 모든 것들이 이상 없다고 했다. 담당의로부터 그 말씀을 듣는 순간까지 얼마나 가슴 졸였던가. 그렇다고 마음 놓을 일은 아니다. 죽는 날까지 내 몸의 소리에 귀를 기울이고, 섭생에 정성을 기울여야 한다.

웃자회 모임에서 먹은 음식

무엇을 먹어야 할까? 병은 한 가지인데 약은 백 가지이다. 정보가 넘쳐서 오히려 힘들다. 그럴 때 명쾌한 답이 있다. 긴가민가한 것은 안 먹는 것이 좋다.

아직도 가슴 설렌다

전주에 있는 출판사에서 근무할 때 동료였던 미라 씨의 배려로 남편과 대학로 선돌극장에서 연극 〈지금도 가슴 설렌다〉를 보았다.

꽤 추운 날씨였고, 광명에서 그곳까지 먼 거리여서 망설여지긴 했지만, 연극이라는 매력을 포기할 수가 없었다. 자주 가지 않았던
곳이라 많이 헤매고 여러 번 물어서 겨우 찾았다. 진한 가족애와 청춘들의 성장기를 담은 연극으로 참 따뜻했다. 우리들 일상에서 누구나 보고 듣고 행하고 있는 이야기를 감동적으로 풀어냈으며 주인공을 비롯한 배우들의 열정이 뜨거워 막이 내리고도 쉽사리 자리를 뜰 수가 없었다. 병마를 딛고 일어나 처음으로 향유한 문화 활동이었다.

배움 활동 재개

2018년 3월 말경부터 소하도서관에서 하는 '책사이 독서회' 활동을 재개했다. 유방암 발병하기 전까지 했던 모임이다. 낯선 광명에 올라와 살면서 좋은 사람들과 사귀고 싶어 선택한 모임으로 40대 여성들이 많다. 어느덧 나도 어떤 모임에서나 왕언니가 되었다.

소하2동 주민센터에서 하는 캘리그래피도 배우고 있다. 매주 월요일 오전에 먹물과 붓과 화선지를 이용해 예쁜 글씨를 쓴다. 무언가를 골똘히 하는 시간엔 내가 환자임을 잊을 수 있다. 아니 이제는 잊고 지내야 한다. 그러나 절대로 놓아서는 안 되는 것 잘 먹기, 잘 자기, 운동 꾸준히 하기, 감사하며 즐겁게 생활하기.

● 주민자치센터 캘리동아리
●● 맛칼럼니스트 황교익님 특강을 경청한 후
●●● 소하도서관 책사이독서회 회원들과 경복궁 후원 나들이

표적치료 중에도 활발한 일상생활

2018년 4월 22일 3박 4일 평창여행을 단행했다. 꽤 장거리여서 조금 염려되었지만, 그다지 문제는 없었다. 중딩 친구 부부와 넷이서 오붓한 여행을 했다. 비가 많이 내려서 여러 곳을 다니지는 못했지만, 꼭 봐야 할 곳들은 둘러보았다. 평창동계올림픽 주경기장, 강릉 경포대, 오죽헌, 원주 출렁다리 등. 친구가 전복을 포함 영양 집밥을 맛깔스럽게 차려주었다. 참 고마운 친구다.

평창 이효석문학관에서

치료 중에도 맘껏 즐기자

표적치료를 하는 중에도 가끔씩 이렇게 여행을 했다.

4월 말경에는 곡성에 다녀왔다. 산본에 사는 순남 언니와 곡성에 사는 재금 언니 그리고 나 셋이서 아기자기하게 시간을 보냈다. 기독교, 가톨릭, 불교 각각 신앙이 다른 셋이다. 첫날은 성당에서 미사를 드리고, 둘째 날은 사찰에서 스님과 점심 공양도 했다. 스님은 병색이 다 지워지지 않은 내 얼굴을 보더니 많이 베풀면서 마음을 비우고 살라고 했다. 아직도 내 몸 구석에는 많은 욕심들이 남아 있음을 스님은 읽은 모양이다. 그것들을 다 비우지 못하고, 내려놓지 못한 채로 병을 퇴치하기는 어렵다는 것을 안다. 더욱 노력해야겠다.

첫 시집 발간

2018년 6월 12일 나의 첫 시집 《우리는 눈물을 연습한 적 없다》가 나왔다. 광명 생활을 시작하면서 다시 잡았던 시다. 병상에서도 꿋꿋하게 웃음을 잃지 않고 견딜 수 있었던 힘이다. 시집의 절반 이상이 투병 중에 쓴 것들이다. 2015년 수필집 《꽃망울 떨어질라》는 위암 수술 후 발간했는데 이번 시집도 의도하지 않았는데 유방암 투병 중에 발간하게 되었다. 책을 내겠다는 계획 때문에 아픈 건지, 아팠기 때문에 책을 내게 된 것인지 헷갈린다.

하고 싶은 일 완치 후로 미루지 말자

2018년 6월 28일 29일 이틀 동안 딸과 둘만의 여행을 했다. 장거리 운전에 자신이 없어 전주 근교를 여행지로 잡았다. 첫날은 서천 국립생태원에 갔다. 넓은 정원에 야생 사슴들이 뛰놀고 생태원 실내에서는 지구의 온갖 생물들을 볼 수 있었다. 맑은 공기를 마시며 사진도 찍고 멋진 추억을 남겼다. 둘째 날은 전주에 새로 들어선 모카우체국을 시작으로 군산을 여행 목적지로 잡았다. 철길마을에서 교복을 입고 사진을 찍으며 딸보다 어린 중고생이 되어보았다. 근대역사박물관을 비롯 군산의 볼거리를 다 둘러보았다. 꽤 피곤했지만, 넘치는 행복감이 그 피로를 씻어주고도 남았다.

암 환자임을 오픈하자

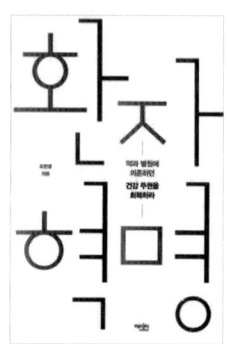 

　표적치료 3회 남긴 시점에 이상옥 선배님으로부터 《환자혁명》, 《지방의 진실 케톤의 발견》이라는 책을 선물 받았다.
　나는 의사 선생님의 치료와 처방을 따라 지금까지 투병해 왔지만, 앞으로는 저자의 말대로 '식민지 건강'에서 벗어나 '건강 주권'을 회복하도록 힘써야겠다는 생각을 했다.
　이 책에서는 암의 치료 순서는 병원치료보다 우선 더 신경써야 할 것으로 성격과 스트레스 관리,

깨끗한 음식과 충분한 영양을 든다. 이것이 주가 되고 병원 치료가 부수적인 치료가 되어야 한다는 것이다. 그런데 보통은 순서가 바뀌어 있고 심지어 부수적인 치료만 하고 주치료에는 전혀 관심 없는 환자와 의사들이 수두룩하다는 것이다.

 실지로 암 판정을 받고 나면 아무 생각이 나지 않는다. 종교 다음으로 믿는 것은 의사뿐이다. 그분이 하라는 대로 하면 살고, 한 치라도 어긋나면 죽는다는 신념에 사로잡힌다. 그래서 항암과 방사선 치료를 할 때 한순간도 망설이거나 염려하지 않았다. 이런 치료라도 할 수 있으므로 나는 살았구나 싶었다.

 그러나 항암과 방사선 치료의 후유증을 온몸으로 겪는 과정에서 꽤 회의감이 들기도 했다. 괜한 걱정과 생각이 아니었음을 《환자혁명》을 통해서 확인했다. 그러나 그들의 환상적인 치료 시스템이나 프로그램을 어떻게 거부할 수 있다는 말인가?

표적치료 끝

　유방암 관련 병원을 찾은 날로부터 딱 1년 6개월째 되는 날이다. 2018년 9월 12일. 드디어 18번째 표적치료 마지막 날로 5년간 먹어야 하는 항호르몬제 투여 말고 통원하며 받는 치료 끝날이다.
　참으로 길고 긴, 어둡고 암담한 시간이었다. 어떻게 그 긴 터널을 빠져나왔는지 실감이 나지 않는다. 그러나 시작하면 반드시 마치는 날이 온다는 사실. 죽을 만큼 힘들고 견딜 수 없을 만큼 극한 고통도 시간이 지나면 사라진다는 사실. 그러니 안 되겠다고, 나는 도저히 감당할 수 없다고 미리 겁먹지 말자. 내 삶에 찾아온 반갑지 않지만 함께 가야 할 벗쯤으로 생각하자. 누구도 미워하지 말고, 원망하지 말고, 그렇다고 자신을 닦달하지도 말고 그냥 물처럼 흘러가자.
　이제는 정기적으로 검진을 받으며 관리하는 일만 남았다. 너무 긴장을 풀지 말고 섭생에 유의하며 더욱 몸의 소리에 촉각을 세워야 한다.
　나의 경우는 치료기간이 상당히 긴 편이었다. 짧게는 5개월, 1년 안에 마무리되는데 나는 호르몬성과 허투 성분 두 가지 성분을 가진 암세포여서 기간이 길었다.

비단 병을 치료하는 경우가 아니더라도 우리는 흔히 다른 사람과 비교하는 데서 행복을 놓치고 사는 경우가 많다. 치료 과정도 나보다 쉽거나 기간이 짧은 환우를 보면서 스스로 나락으로 떨어지는 경우가 있다. 그것은 내 병을 치료하는 데 절대 도움이 되지 않는다는 사실을 인식하고, 어떠한 경우라도 무조건 자신을 지지하고, 응원하고, 젖 먹던 힘까지 짜내서 나는 행복한 사람이라고, 반드시 건강을 되찾을 수 있다고 최면을 걸자. 아니 이 정도 치료 과정을 겪다 보면 그냥 의식하지 않아도 감사와 행복이 몸과 마음을 휘감게 될 것이다.
　마음껏 감사하고 마음껏 즐겁게 마음껏 행복을 느끼자.

기타 도움말

    환자는 기다리지 말고 지인들에게 내가 먼저 전화하자.
    보고 싶은 사람, 궁금한 사람이 있으면 먼저 다가가고 나 이렇게 아프다고 말하자. 그것이 치료에 도움이 된다. 병은 숨기면 깊어진다. 고통은 고스란히 혼자의 몫이지만, 치료는 함께할 수 있다.
    지인이 병상에 있을 때 자주 찾아가고, 그렇지 않으면 전화라도 하자. 그것도 안 되면 문자나 톡이라도 하자.
    통증에 시달리는 환자에게 해로울까 봐 눈치를 보며 연락도 못 하겠다는 지인들이 있다. 그러나 그건 지나친 배려다. 통증이 24시간 이어지진 않는다. 통증이 심할 때는 나중에 하자라고 말할 것이니 그런 생각보다는 따스한 말 한마디가 그리운 환우에게 마음으로 다가가자. 환자는 맘대로 돌아다니지도 못하고, 쓴 입맛으로 먹지도 못해 외롭고 쓸쓸하기 짝이 없다.
    지인들의 목소리가 큰 힘이 될 것이다.

뒤늦게 생각해 본 내 몸이 암에 노출된 원인(내가 생각하는)

- 건강에 대한 생각 없이 살았다.
- 먹고 사는 일에 급급했다.
- 자신을 돌아볼 여유 없이 살았다.
- 타인이 나를 어떻게 평가할 것인가에 연연했다.
- 내 일은 내가 알아서 한다는 생각이 강했다.
- 남의 도움을 받지 않고 살려 안간힘을 썼다.
- 사소한 것도 맘에 거슬리는 일이 있으면 해결될 때까지 떨쳐 버리지 못하고 끙끙댔다.
- 영양을 생각하는 식생활을 하지 않았다.
- 내 몸이 보내는 신호를 알아차리지 못했다. 특히 만성피로를 무시했다.
- 규칙적인 운동을 하지 않았다.

저를 포함한 모든 암환자들의 완치를 기원합니다.